SAINT MARTIAL

Priant pour les Aquitains, particulièrement pour les Limougeaux.

NOTICE

SUR

LA VIE ET LES MIRACLES

DE

Saint Martial,

APÔTRE D'AQUITAINE,

PATRON DE LA VILLE DE LIMOGES,

ENRICHIE DE NOTES HISTORIQUES SUR LIMOGES,

ET SUR LA CONFRÉRIE DE CE SAINT APÔTRE,

Par Pierre Dantreygas,

SECRÉTAIRE DE LA GRANDE-FRÉRIE DE SAINT MARTIAL.

C'est moi qui ai fait tous les SAINTS ; c'est moi qui leur ai donné ma grâce ; c'est moi qui les ai établis dans ma gloire.

IMIT. DE J.-C., liv. III, ch. 58.

LIMOGES.

CHEZ MARTIAL ARDANT ET FILS, IMP.-LIBRAIRES.

———

1835.

NOMS

DES ÉVÊQUES DE LIMOGES.

—

EXTRAIT DU RITUEL. — 1774.

1 SAINT MARTIAL.
2 Saint Aurelien.
3 Ebulus.
4 Atticus.
5 Emerinus.
6 Hermogenianus.
7 Adelphius Ier.
8 Dativus.
9 Adelphius II.
10 Exuperius.
11 Astidius.
12 Rorice Ier.
13 Rorice II.
14 Exotius.
15 Saint Ferreol.
16 Saint Asclep.
17 Saint Loup.
18 Simplicius.
19 Felix.
20 Adelphius III.
21 Rusticus.
22 Hertgenobertus.
23 Cœsarinus.
24 Ermenus.
25 Salutaris.
26 Aggericus.
27 Saint Sacerdos.
28 Aussindus.
29 Saint Cessateur.
30 Ebulus.
31 Regimpertus.
32 Audacher.
33 Stodilus.
34 Aldo.
35 Gerlo.
36 Anselme.
37 Turpio.
38 Eblus.
39 Hildegarius.
40 Alduin ou Hilduin.
41 Gerald I.
42 Jourdain de Larron.
43 Iterius-Chabot.
44 Gui de Larron.
45 Humbauld.
46 Guillaume de Uriel.
47 Pierre Viroald.
48 Eustorge.
49 Gerald II.
50 Sebrand-Chabot.
51 Jean de Veirac.
52 Bernard de Savenne.
53 Gui de Cluzel.
54 Guillaume du Puî.
55 Durand d'Orlhac.
56 Aimeric - la - Serre - de-Malemort.
57 Gilbert de Malemort.

58 Regnaud de Laporte.
59 Gerard Roger.
60 Hélie Taleyran.
61 Roger-le-Fort.
62 Nicolas de Besse.
63 Jean de Comborn.
64 Jean de Cros.
65 Aimeric Chatti de la Jaussac.
66 Bernard de Bonneval.
67 Hugues de Magnac.
68 Ramnulfe de Pérusse des Cars.
69 Pierre de Montbrun.
70 Barthon de Montbas I.
71 Barthon de Montbas II.
72 René de Prie.
73 De Montmorency.
74 Charles de Villiers de l'Isle-Adam.
75 A. Lascaris de Tende.
76 Jean de Langheac.
77 Jean de Bellai.
78 Antoine Sanguin.
79 De Bourguognonibus.
80 De Laubespine I.
81 Jean de Laubespine II.
82 Henri de la Martonie I.
83 De la Martonie II.
84 Franc. de la Fayette.
85 L' de Lascaris-Durfé.
86 De Carbonel de Canisy.
87 A. De Genetines.
88 De l'Isle du Gast.
89 Du Coëtlosquet.
90 Du Plessis-d'Argentré.
91 Marie-Jean-Philippe Du-Bourg.*
92 Gaston de Pins.
93 Prosper de Tournefort. **

---

* C'est sous l'épiscopat de Monseigneur Du-Bourg, que Napoléon Ier fut sacré et couronné *Empereur des Français*, à Notre-Dame de Paris, le 4 décembre 1804, par le Pape Pie VII. Après son divorce, en décembre 1809, ce puissant Monarque osa attaquer la Tiare : Pie VII fut enlevé de son palais le 6 juillet 1810, par le général Radet, et transporté à Savone ; de là à Fontainebleau. Les désastres de Moscou firent détrôner Napoléon, qui mourut à Sainte-Hélène, le 5 mai 1821, et replacer le Saint Père sur le trône de la capitale du monde chrétien.

Le Pape Pie VII, ayant quitté Fontainebleau, arriva dans le Limousin. Monseigneur Du-Bourg, accompagné de plusieurs ecclésiastiques, se rendit à la Maison-Rouge, et fut admis auprès du Saint Père. Sa Sainteté arriva à Limoges, le vendredi, 28 janvier 1814, à deux heures après-midi : elle vit la population prosternée, recevant la bénédiction papale.

** La première messe que cet Evêque célébra à Limoges, fut devant la Chapelle de Saint Martial, en mai 1825.

NOTICE

SUR

SAINT MARTIAL.

✳

NAISSANCE DE SAINT MARTIAL.

Sous le règne d'Auguste, empereur des Romains, et le 25 décembre 747 de la fondation de Rome, naquit le Messie attendu depuis 4000 ans. Il vint pour réparer notre nature en la prenant lui-même, et nous rendre le droit à la félicité éternelle. A la voix de ce divin Législateur, les peuples de Jérusalem, de la Judée, de la Samarie et de la Galilée, se réunirent et écoutèrent ses préceptes. Marcel et Elisabeth, de la ville de Rama et de la tribu de Benjamin, furent des premiers à recevoir la doctrine du Christ. Leur Fils unique MARTIAL, né l'an 15 de J.-C., suivit constamment Jésus. C'est une croyance certaine et de tradition, que Saint Martial fut ce jeune garçon qui fournit les cinq pains et les deux poissons avec lesquels le Sauveur du monde nourrit cinq mille personnes (1); que c'est le même enfant qui servit de modèle pour démon-

____

(1) Saint Jean, chap. 6, v. 9 et 10.

trer la vertu de l'humilité (1) ; et qu'il fut l'un des septante-deux Disciples que le Rédempteur choisit pour soulager les Apôtres (2).

Le Saint-Esprit étant descendu sur les Apôtres (3), l'Eglise fut formée et établie pour exister dans tous les siècles. Fidèle à ses principes, Saint Martial s'attacha à Saint Pierre, et le suivit à Antioche et à Rome.

APOSTOLAT DE SAINT MARTIAL.

L'an 44 de Jésus-Christ, le Prince des Apôtres établit son siége pontifical dans la capitale du monde, et dans la maison du sénateur Pudence, située au bas des monts Viminal et Exquilin.

Deux ans après, Jésus-Christ apparut à Saint Pierre et lui ordonna d'envoyer Saint Martial dans les Gaules pour y prêcher l'Evangile. Saint Pierre, obéissant à Notre Seigneur, donna à cet Apôtre les dernières instructions apostoliques, et nomma Alpinien et Austriclinien pour ses Coadjuteurs. Ces trois Saints reçurent la bénédiction du chef de l'Eglise, et partirent de Rome unis de cœur et d'esprit (4).

(1) Saint Luc, chap. 9, v. 47 et 48.

(2) Tradition Limousine : Collin, p. 216; Rituel de Limoges, année 1774.

(3) Actes des Apôtres, chap. 2, v. 3 et 4.

(4) Origène, Eusèbe et Spondan, font remonter la Mission de Saint Martial au temps des Apôtres, et la rapportent à Saint Pierre, qui arriva à Rome l'an 2 du règne de Claude. Pendant son séjour dans cette ville, Saint Martial habitait la maison du consul Marcellus, et fonda un oratoire qui est aujourd'hui l'église Notre-ame *in viâ latâ*.

Arrivés à Colle de Val d'Elza (*Granciano*) (1) , et à la suite de grandes prédications, Austriclinien fut malade et mourut. Saint Martial pénétré de douleur, se décida à retourner à Rome pour consulter Saint Pierre sur la manière dont il devait agir. Le souverain Pontife, informé de cette contrariété, remit à Saint Martial le bâton sur lequel il s'appuyait et lui dit de tout espérer de Jésus-Christ. Saint Martial retourna à Colle, fit ouvrir le tombeau de Saint Austriclinien, déposa le bâton sur lui, et à l'instant Saint Austriclinien revint à la vie (2).

SAINT MARTIAL DANS LES GAULES.

Toujours animés par la foi , nos Saints quittèrent Colle , et firent leur entrée dans la Gaule Transalpine.

Ce vaste pays, aujourd'hui la France ; avait été conquis par les Romains. Jules-César le divisa en trois grandes parties, les Belges au nord, les Celtes au milieu, et les Aquitains au sud.

L'Aquitaine était gouvernée par un proconsul. Claude (3) avait nommé *Junius Silanus* à ce

---

(1) Colle , petite ville d'Italie , en Toscane , à dix lieues de Florence , et quatre de Sienne.

(2) Gregorio Lombardelli , religieux, auteur d'un ouvrage imprimé à Florence en 1595 , par Georgio Maresiotti , dédié à Clément VIII , rapporte ce miracle qui contribua puissamment à convertir les habitans de Colle , dont la piété fit bâtir un oratoire sur le tombeau de Saint Austriclinien, et plus tard une célèbre abbaye.

(3) Ce fut sous le règne de son prédécesseur nommé Caligula , que l'Evangile fut annoncé par les Apôtres et que les Fidèles furent nommés Chrétiens.

proconsulat , et lui avait donné pour conseillers Aurelius (*Saint Aurelien*), et Anterius (*Antere* ou *André*).

La première ville de l'Aquitaine où nos Saints s'arrêtèrent fut Toull (1) : là ils prêchèrent l'E-vangile de Jésus-Christ. Saint Martial y guérit une démoniaque nommée Arnoul : bientôt après il ressuscita le fils du gouverneur appelé Nerva, qui se fit baptiser ainsi que son père et 3,500 personnes. Ils renversèrent leurs idoles , pour offrir la seule victime digne de Dieu : l'hostie sainte , le pain sacré ; et l'on ne vit plus couler le sang des animaux ni des hommes, sacrifices horribles dignes des esprits infernaux.

Nos Saints ayant demeuré deux mois dans Toull , se rendirent à Ahun , petite ville sur la Creuse. Les habitans les maltraitèrent ; mais revenus de leur erreur , ils se soumirent et embrassèrent la foi. Saint Martial y guérit un paralytique.

ARRIVÉE DE SAINT MARTIAL A LIMOGES.

Un jour que Saint Martial était en prières , le Sauveur du monde lui apparut (2), et lui dit : « Ne craignez pas, mon cher Martial , de des-» cendre dans la ville de Limoges , parce que » j'ai dessein de vous y glorifier.» L'Apôtre d'A-

----

(1) Toull est une ville de la Marche , sur le Mont-Barlot. Ses ruines attestent que c'était une des plus fortes places des Gaules , qu'il y avait un temple fréquenté, et qu'elle fut le séjour d'un prince.

(2) Le 16 juin : l'Eglise de Limoges institua une fête en l'honneur de cette apparition , au quatorzième siècle.

quitaine obéissant à Jésus-Christ, se mit en route avec ses deux Coadjuteurs, et ils arrivèrent dans la capitale du Limousin. Ils logèrent chez une veuve nommée Radegonde, qui demeurait près du château de Léocadius. Ainsi, ce premier Evêque de Limoges, prit possession de son siége épiscopal, aux calendes de mai, l'an 46 de J.-C., 4 de Claude, 2 de Saint Pierre (1).

Dans ce temps-là, Limoges, ville fondée 1243 ans avant J.-C., (sous Gédéon), par le roi Lemovix, était bâtie sur la rive droite de la Vienne, et s'étendait de la Roche-au-Got jusqu'au Naveix. Cette ville, faisant partie des Gaules, concourut à la défense commune contre les Romains. Sédulius, prince qui jouissait d'une grande réputation parmi les Gaulois, conduisit dix mille Limousins à la défense d'Alise (2), en Bourgogne, et fut tué sous les murs de cette place.

Après la célèbre bataille de Clermont, en Auvergne, où 300,000 Gaulois furent vaincus et leur roi Vercengentorix tué, Jules-César, général romain, nomma Duracius, fils de Sédulius, proconsul d'Aquitaine ; Senebrunus lui succéda ;

____

(1) Bonaventure-de-St-Amable, carme déchaussé, tome 2, page 183.

Les Carmes Déchaussés, ou Petits-Carmes, avaient une communauté établie en 1623, au prieuré de Saint-André, situé dans la basse cité de Limoges, aujourd'hui le couvent de la Visitation.

(2) Aujourd'hui Sainte-Reine, village près de Semur, à onze lieues de Dijon, bâti à mi-côte de la montagne sur le plateau de laquelle sont les ruines de cette ancienne capitale des *Mandubiens*, prise par César, l'an de Rome 701. Diodore l'appelait la métropole des Gaules.

Lucius à Sénebrunus , Léocadius (1) à Lucius, et Junius-Silanus à Léocadius.

L'empereur Claude , voulant conquérir l'Angleterre , ordonna à Silanus de se joindre à Vespasien pour cette expédition. Ce proconsul partit pour l'armée , et pendant son absence, nos Saints arrivèrent à Limoges.

Saint Martial connaissant toute l'importance de son apostolat pour annoncer le Christianisme dans une ville aussi grande que Limoges , s'y disposait par de ferventes prières. Mais la réputation de Thaumaturge que les nombreux miracles lui avaient obtenue , l'avait dévancé. Suzanne , veuve du proconsul Léocadius et mère de Valerie , sachant qu'il était dans le voisinage , le fit prier de venir à son château pour guérir un frénétique. Saint Martial , jugeant par-là qu'il pouvait facilement commencer ses prédications , se rendit à son invitation et fut introduit auprès de Suzanne qui l'accompagna au lit du malade , sur lequel l'Apôtre d'Aquitaine fit le signe de la Croix et par ce moyen le guérit radicalement. Après cette guérison miraculeuse (2) et après

---

(1) Léocadius fit bâtir le pittoresque château de *Châlucet* , près du Vigen , dont les ruines attirent encore les curieux.

(2) L'homme judicieux soumet sa raison à la croyance des *miracles* , parce qu'il pense que l'Auteur des lois de la nature peut les interrompre quand il le veut, et jamais ils ne furent plus nécessaires que dans les premiers siècles de l'Eglise , où il fallait convertir les Païens et les arracher à l'idolâtrie. « Dieu peut-il faire » des *miracles* , dit le Philosophe de Genève ; c'est-à- » dire , peut-il déroger aux lois qu'il a établies ? Cette » question sérieusement traitée serait *impie* , si elle

avoir réfléchi mûrement sur les discours de Saint Martial, Suzanne, Valerie, et plus de six cents personnes reçurent le baptême. Bientôt après, l'Apôtre d'Aquitaine eut la liberté de prêcher la doctrine de Jésus-Christ. Il entra dans la ville, instruisit le peuple dans les temples, sur les places publiques, et le nom de J.-C. était dans toutes les bouches, et retentissait au sein des familles.

Les Limougeaux étaient étonnés de ce nouveau, mais sublime dogme : *Dieu est esprit, et ceux qui l'adorent, doivent l'adorer en esprit, et en vérité* (1) ; ils admiraient ces maximes : *Vous aimerez le Seigneur votre Dieu, de tout votre cœur, de toute votre âme, et de tout votre esprit ; et vous aimerez votre prochain comme vous-même* (2) ; cette unité catholique : *Il n'y aura qu'un seul pasteur et un seul troupeau* (3) ; cette vraie égalité, qui ne peut être trouvée que dans le sein du Christianisme : *Ne faites point acception des personnes* (4) : *Honorez tous les hommes* (5) ; et cette espérance indestructible : *Au temps de la résurrection, les hommes et les femmes seront comme les Anges de Dieu* (6) : les Limougeaux, disons-nous, n'osaient faire éclater leur joie en voyant, par l'établissement d'un Culte noûveau, étein-

---

» n'était *absurde* : ce serait faire trop d'honneur à ce-
» lui qui la résoudrait *négativement*, de le punir ; il
» suffirait de l'enfermer. »(Lettre de la Mont., p. 94.)

(1) Saint Jean, chap. 4, v. 24.
(2) Saint Marc, chap. 12, v. 30 et 31.
(3) Saint Jean, chap. 10, v. 16.
(4) Saint Jacques, chap. 2, v. 1 et 9; Saint Paul, aux Ephésiens, chap. 6, v. 9.
(5) I. Epître de Saint Pierre, chap. 2, v. 17.
(6) Saint Mathieu, chap. 22, v. 30.

dre ces vieilles divisions d'ilotes, d'esclaves, de captifs, qui étaient la honte de la société humaine; mais ils attendaient impatiemment l'occasion, et bientôt elle se présenta.

CONVERSION DE SAINT AURELIEN.

Les deux conseillers de Silanus, Aurelius et Anterius, étant spécialement chargés des cérémonies de la religion païenne, furent indignés que Saint Martial prêchât une religion qui détruisait la leur. Ils le firent arrêter et mettre en prison (1). L'Apôtre d'Aquitaine, suivant sa coutume, espéra tout de Dieu : sa prière finie, ses fers tombèrent, une lumière divine l'environna, et les portes de la prison s'ouvrirent. Au même moment, un furieux orage s'éleva, la pluie tombait par torrens, les éclairs se succédaient, le tonnerre grondait de toutes parts, et pendant ce bouleversement de l'atmosphère, la terre trembla. Alors, les prêtres idolâtres, consternés, se retirèrent dans leurs temples pour y demander du secours à leurs fausses et impuissantes divinités. A peine Aurelius et Anterius y furentils prosternés, qu'un coup de foudre les renversa par terre et leur ôta l'existence. (2) Aussitôt le ciel devint calme et serein. Les personnes sensées reconnurent que cet ouragan n'avait eu lieu qu'en punition des outrages que l'on avait faits à Saint

____

(1) D'après les Annales du Limousin, tome 2, p. 237, SaintMartial fut arrêté à l'amphithéâtre qui était sur les bords de la Vienne, aujourd'hui place Sainte-Félicité, et la prison était située où était bâtie l'église de Notre-Dame de la Règle, aujourd'hui le Séminaire.

(2) La Tradition est : que ces deux prêtres idolâtres furent foudroyés où est bâti le clocher de Saint-Étienne.

Martial : plusieurs se rendirent près de lui, le priérent de sortir de sa prison, et même le suppliérent de s'intéresser aux prêtres foudroyés. L'Apôtre d'Aquitaine, cédant à leurs instances, ressuscita ses deux persécuteurs, qui se convertirent et furent baptisés, ainsi que vingt-deux mille personnes. *Aurelius* reçut le nom d'*Aurelien* (1), et *Anterius* celui d'*André*. L'Eglise de Limoges célèbre la fête de Saint Aurelien, le 10 mai. Ce digne Evêque eut la précaution d'écrire l'Histoire de Saint Martial, dont une copie en parchemin était déposée dans les archives de l'abbaye de ce grand Apôtre, où le religieux Lombardelli puisa les faits qu'il décrit si bien.

MARTYRE DE SAINTE VALERIE.

Après la campagne des Romains contre les Anglais, Silanus revint à Limoges. Ce proconsul s'empressa de reprendre ses projets de mariage dont les fiançailles avaient déjà été célébrées du consentement de la belle, mais modeste Valerie, seule héritière des grands biens de la famille de Manilius, et qui venait de fermer les yeux à ce qu'elle aimait le plus dans ce bas monde, à Suzanne, sa tendre mère.

---

(1) Saint Aurelien se sanctifia à la suite de Saint Martial, et ses mérites et ses vertus le rendirent digne de lui succéder dans l'épiscopat. Une Eglise lui fut dédiée en 1475, et une Confrérie nombreuse composée des marchands bouchers de Limoges, a soin de garder et de conserver le Chef précieux de ce second Evêque de Limoges, dans un reliquaire à demi-corps, tout en argent. Le drapeau septennal et la cocarde de cette Confrérie, sont blancs et verts.

Les sentimens de la fille de Léocadius n'étaient plus en faveur d'un prince mortel : elle avait fait vœu de virginité, et ne respirait que pour Jésus-Christ.

Silanus instruit du changement de Valerie, lui envoya un message pour qu'elle parût en sa présence. Cette jeune vierge se recueillit et prît la résolution d'obéir et de se rendre auprès du proconsul. Quittant son château pour la dernière fois, elle se fit annoncer au palais proconsulaire, (situé près la Vienne, à droite du Pont-St-Martial), et peu après s'y présenta accompagnée de ses fidèles gouvernantes. Là, se jetant aux pieds de Silanus, et prenant la parole avec une modestie angélique, Valerie lui dit : « Prince, vous n'i-
» gnorez pas qu'à votre départ pour aller com-
» battre les ennemis du peuple romain, dont
» vous êtes l'un des plus illustres citoyens, ma
» main vous fut promise par celle qui avait le
» droit de fixer ma destinée, et que mon cœur
» y consentait. J'aurais même cru être la plus
» malheureuse Demoiselle de la province (1) si
» j'avais pensé à vous préférer quelqu'autre
» romain. Mais ce cœur, sur lequel vous aviez,
» il est vrai, quelques droits, ne m'appartient
» plus. Martial, l'homme de Dieu, m'ayant fait
» connaître la fragilité des grandeurs humaines
» et la certitude d'une félicité éternelle, a reçu
» ma profession de religion ; tous mes soins sont
» pour le salut de mon âme ; je n'aspire qu'à la
» perfection évangélique ; la charité, la prière,
» occupent tous les momens de ma vie ; il m'est

____

(1) Vie de Sainte Valerie ; Collin, p. 684.

» impossible d'unir ma main à la vôtre, parce
» que je veux avoir la liberté entière de vaquer
» à mes pieux exercices. Prince, imitez-moi ;
» soumettez-vous au Christianisme : pratiquez
» les vertus que mon divin époux, Jésus, com-
» mande, et nous irons tous deux ensemble
» dans le ciel, jouir des plaisirs incomparables
» qu'il y prépare pour ceux qui ont le bon-
» heur de l'aimer pendant cette vie. »

Le proconsul, dissimulant sa jalousie, répondit à Valerie : « Illustre héritière des vertus du
» célèbre *Capreolus* (1), quoi, vous préférez l'é-
» tat virginal à l'honneur d'être l'épouse de Si-
» lanus, d'un homme qui vous a toujours aimée,
» qui vous adore ? Par quelle fatalité avez-vous
» changé de sentimens ? Revenez à l'époux qui
» vous fut donné par votre mère, ou craignez
» le courroux d'un amant qui peut ordonner votre
» trépas. » « Seigneur, répartit Valerie, mon
» âme est à Jésus-Christ, et mon cœur ne palpite
» que pour lui. » Et ensuite elle garda un pro-
fond silence.

Silanus, irrité et usant de son autorité, ordonna à Valerie de se retirer, et commanda à
son écuyer Hortarius d'aller lui trancher la tête.

L'humble et soumise Valerie n'eut pas de peine
à faire le sacrifice de sa vie, et prouva qu'elle
était embrasée de l'amour divin et d'une force
d'âme qui ne s'obtient que par une grâce spéciale

---

(1) Après la guerre des Romains contre les Cantabres,
anciens peuples Basques, qui préféraient la mort à
la captivité, Octave-Auguste surnomma Lucius, aïeul
paternel de Sainte Valerie, *Capreolus*, pour marque
de sa vertu et de son courage.   2..

de Dieu. Heureux le prédestiné qui, dès son bas âge a le bonheur de la posséder, et d'avoir des parens vertueux qui le maintiennent dans ces principes ! Alors un germe fécond se développe, l'étude fortifie sa pensée, et il devient inébranlable dans ca conduite. C'est ce qui arriva à la Patronne de Limoges.

Arrivée au lieu de son supplice, Valérie leva les mains au ciel, et s'adressant à Jésus-Christ, elle lui dit : « Mon Seigneur et mon Dieu, qui » m'avez fait la grâce de m'appeler à la connais- » sance de votre loi, par les soins de Saint Mar- » tial, recevez mon âme. » Une voix du ciel lui répondit : « Courage, Valérie, voici les Anges » qui t'attendent pour te conduire à ton divin » époux ! » En ce moment, Hortarius, armé d'un cimeterre, lui trancha la tête. Mais, par un miracle qui étonna tout le peuple, la bienheureuse Valérie prit sa tête entre ses mains, d'un pas ferme traversa la ville en parcourant un espace de quatre stades (quinze cents pas), et se rendit à la basilique de Saint Etienne où Saint Martial priait Dieu de lui donner la constance dans une si grande épreuve de piété.

La Tradition limousine est que Saint Martial célébrait la sainte messe. Au bruit de ce martyre et aux cris du peuple qui disait : *Au miracle ! au miracle !* Cet apôtre suspendit ses prières, et se retournant comme pour dire *Dominus vosbiscum*, il vit la première martyre, Valérie, qui déposa à ses pieds la palme de son triomphe. Saint Martial attendri prononça ces mots si connus du peuple Limousin qui les redit avec respect :

« Vertuoüso Volério ,
» Qui to eintaû tochido ? » (1)

Saint Martial recueillit le corps de la Vierge et Martyre Valerie, et l'inhuma avec pompe , selon son mérite et son rang (2), dans un sépulcre creusé dans le roc, lieu solitaire du château de ses pères, et où l'Apôtre d'Aquitaine fit élever un oratoire à l'honneur de cette première Martyre des Gaules.

L'Eglise de Limoges célèbre le Martyre de Sainte Valerie, le 10 décembre (3).

Il fut toujours beau et glorieux de verser son sang pour sa patrie , comme Bayard , Turenne , d'Assas , Desaix ; mais il est bien méritoire de sceller de son sang la foi catholique ! Le genre humain fut réhabilité par le sacrifice du Calvaire : le Prince des Apôtres , son illustre Frère , l'A-

---

(1) La traduction littérale est : « Vertueuse Valerie , » qui t'a ainsi meurtrie ? » L'idiome limousin offre de belles expressions, qui ont été développées par les poètes Richard , Foucaud , Ribière , etc. : Saint Martial employa le mot patois *tochido* , parce qu'il est énergique. Si Molière eût connu les ouvrages des auteurs cités dans la Nécrologie de l'érudit abbé Vitrac, il n'aurait pas cédé, dans une de ses pièces, à son injuste prévention contre la ville natale de l'immortel d'Aguesseau.

(2) Un tableau représentant cette funèbre cérémonie , est placé à la chapelle de Saint Martial , dans l'Eglise de Saint-Michel-des-Lions.

(3) Une des églises de Limoges était dédiée à la Patronne de cette ville, Sainte Valerie. Elle était située rue Pont-Saint-Martial, et faisait partie de la Communauté des Récollets de Sainte Valerie, établie en 1140 , et détruite par suite de la révolution de 1789. On y voyait la pierre sur laquelle eut lieu la décollation de cette Martyre. Deux rues de Limoges portent le nom de cette Sainte , la protectrice des Vierges limousines.

pôtre des Nations, Etienne, Jacques, et presque
tous les Disciples de Jésus reçurent la mort en
rendant témoignage de ce qu'ils avaient entendu
et vu. Dans les premiers siècles de l'Eglise,
combien de Chrétiens les imitèrent.... Mais
C'est à Châteaubriand de chanter les MARTYRS!

CONVERSION DE SILANUS,

VULGAIREMENT NOMMÉ *Tève-le-Duc.*

Hortarius, stupéfait des merveilles qu'il avait
vues, vint les raconter à son maître Silanus : à
peine eut-il achevé de parler, qu'il tomba mort
aux pieds du proconsul (1). Silanus, effrayé de
ce qu'il avait ouï raconter et de ce dont il était témoin, envoya chercher Aurelien et André, qui
s'empressèrent de se rendre à son palais. Ces deux
nouveaux chrétiens lui conseillèrent de prier
Saint Martial d'avoir pour Hortarius la même bonté qu'il avait eue pour eux. Silanus suivit leur
avis, et Saint Martial se rendit près de lui. Des
témoignages de respect furent rendus à l'Apôtre
d'Aquitaine, qui, profitant de cette première
entrevue, peignit la puissance de la foi, et en
sa présence, ce grand Apôtre ressuscita Hortarius. Silanus se prosterna aux pieds du servi-
teur de Jésus-Christ, le pria de le recevoir au

---

(1) Le 2 juillet 1809, les Membres de la Grande-
Frérie de Saint Martial firent don à l'Eglise de Saint
Michel, d'une magnifique Châsse en bois de chêne et
couverte en cuivre doré, pour y déposer le Chef et autres Reliques du grand Apôtre d'Aquitaine : elle a un
mètre 378 centimètres de longueur, et 611 centimètres
de largeur : les huit panneaux représentent les différens
Miracles opérés par SAINT MARTIAL.

nombre de ses ouailles, se fit baptiser, et reçut le nom d'*Etienne*. Quinze mille personnes suivirent son exemple. Dès lors Etienne pratiqua toutes sortes de vertus (1), et fut très-charitable; car il fonda deux hôpitaux à Limoges, dont l'un était situé sur le terrain qu'occupe aujourd'hui l'Hôtel des Monnaies, et qui portait le nom d'Hôpital de St.-Martial. Le patrimoine de Sainte Valerie fut déversé dans ces Hôpitaux pour subvenir au soulagement de 300 pauvres.

Après tous ces éclatans miracles et ces nombreuses conversions, les Limougeaux jouirent en paix des bienfaits de la doctrine du Christ sous le gouvernement paternel du duc Etienne.

Obéissant aux ordres de l'empereur Claude, le duc Etienne quitta Limoges et se rendit à Rome; et de là, il passa en Asie en qualité de Proconsul, où il professa le Christianisme. Agrippine, mère de l'empereur Néron, le fit empoisonner. Aurelius et Anterius firent en sorte que son corps fût porté à Limoges, où il avait choisi sa sépulture. Saint Martial, qui vivait encore, l'inhuma au lieu même où il était avant 1789.

RÉSURRECTION DE HILDEBERT.

Peu après sa conversion, le duc Etienne fit camper une partie de son armée sur les bords limpides de la Vienne (2). Ces guerriers s'y repo-

---

(1) Tacite, au treizième chapitre de ses Annales, parle avec éloge des vertus sociales de Silanus.
(2) Près du Palais, anciennement nommé Jogenzac.

saient sous des pavillons. Parmi eux, se trouvait un jeune homme d'un rare mérite, qui se nommait Hildebert, et était fils d'Arcade, comte de Poitiers. La saison des bains étant venue, la chaleur excita Hildebert et ses camarades à se baigner. A la suite de plusieurs exercices de natation, le malheureux Hildebert se laissa entraîner dans un gouffre nommé Gouarric ou Gorgearic, où il disparut. Ses compagnons voulurent le secourir, mais tout fut inutile. Arcade, son père, fut prévenu de ce malheur. Il pleura, il se lamenta : vains regrets ! Il fallut avoir recours à Saint Martial. L'Apôtre d'Aquitaine condescendit aux vœux de l'infortuné Arcade, il se rendit à l'endroit fatal pour la famille Arcade et qui devint glorieux pour la foi chrétienne. Le duc Etienne, le comte Arcade, et leurs officiers, suivirent Saint Martial, dont la puissante voix fit reparaître le corps du jeune Hildebert, et un instant après, on le vit flotter et s'approcher du rivage, d'où on le transporta sur la tendre verdure. Cela ne suffisait pas à l'amour paternel d'Arcade : il intercéda Saint Martial de le rendre à la vie, et l'Apôtre d'Aquitaine jugeant qu'il était de la gloire de Dieu de rendre le jeune Hildebert à sa famille, lui prit la main et dit : (1) « Hildebert, levez-vous au nom de N. S. J.-C. » Hildebert reprit ses sens, sa connaissance ; et son premier mouvement fut de se prosterner aux pieds de son bienfaiteur, de lui témoigner toute sa reconnaissance, et de le prier de le recevoir

____

(1) Comme Saint Pierre à Dorcas, Act. 9, v. 40 et 41.

au nombre de ses heureuses brebis (1). Saint Martial le releva, le remit à son père, et leur dit de rendre gloire à Dieu, souverain conservateur de toutes choses. Le peuple témoin de ce nouveau miracle, se retira louant la Providence de tous ses bienfaits.

Le jeune Hildebert, le comte Arcade, et une grande partie de l'armée du proconsul Silanus, se soumirent au Christianisme, et reçurent le baptême.

VOYAGE DE SAINT MARTIAL.

Le comte Arcade étant obligé de se rendre à Poitiers, chef-lieu de son gouvernement, invita Saint Martial à venir répandre la divine semence de la foi, dans la fertile province du Poitou. L'A-

____

(1) Toujours des choses extraordinaires, dit l'incrédule. Il faut bien qu'on les admette, puisque l'histoire les atteste d'une manière si positive. Tout le monde connaît les prodiges arrivés lors des tentatives pour la reconstruction du temple de Jérusalem.

L'un des plus grands et des plus acharnés adversaires du Christianisme, fut Julien l'apostat, empereur d'Orient, en 362 : il réunit près de lui des sophistes, fit fermer les écoles des Chrétiens, enlever le monogramme du Christ du *Labarum*, livra les églises aux idolâtres pour les abattre, et fit tout son possible pour rétablir le paganisme. Etant à Antioche, en 363, pour aller combattre les Perses, il voulut faire mentir la prophétie de Jésus-Christ, en ordonnant la reconstruction du temple de Jérusalem : tous les Juifs prodiguèrent leurs richesses, et tout semblait annoncer le succès de cette entreprise; mais un affreux tremblement de terre, des coups de tonnerre redoublés, et des *tourbillons de flamme* qui s'élevaient du sein de la terre, dispersèrent les ouvriers, et les forcèrent à renoncer à leurs travaux.

pôtre d'Aquitaine céda à cette invitation, et une séparation amicale eut lieu entre ces deux grands personnages en attendant le moment fortuné où ils pourraient se rejoindre. Le jeune Hildebert dit adieu à son père, et voulut demeurer auprès de son illustre bienfaiteur.

Saint Martial se disposa à cette nouvelle mission par des prières réitérées, adressées à celui qui peut, lorsqu'il le juge convenable, changer les cœurs les plus impies en adorateurs zélés et fervens. Mais avant de quitter Limoges, l'Apôtre d'Aquitaine réunit son cher troupeau, l'avertit de son départ, et l'engagea à persévérer dans la pratique de la doctrine de Jésus-Christ. Pour que les prières fussent plus efficaces, il recommanda aux Limougeaux d'assister aux cérémonies des prêtres qui célèbreraient dans une église l'office divin. A cet effet, Saint Martial changea le *Capitole*, ou temple de Jupiter capitolin (1), en basilique

(1) D'après les *Annales du Limousin*, tome 2, p. 355, Saint-Étienne est la première des Eglises des Gaules. La preuve de ce jugement est si authentique, que l'on voit encore au-dessous du jubé une partie des travaux d'Hercule, gravés sur pierre en bas-relief, présumés restes du capitole. Le grand portail de cette Eglise est surmonté d'une rosasse en pierres qui mérite d'être citée, et prouve le génie de nos ancêtres en architecture. Le 25 décembre 1095, le pape Urbain II, étant à Limoges, célébra la messe de minuit à Notre-Dame de la Règle, comme le premier oratoire dédié par Saint Martial; la messe de l'aurore dans l'église de Saint-Martial qu'il consacra église du *Sauveur*; et la messe du jour dans l'église métropolitaine de Saint-Etienne, comme le premier siége épiscopal de la belle et pieuse France.

et la dédia à Saint Etienne, premier martyr (1).

Peu de jours après la dédicace de la cathédrale de Limoges, Saint Martial se mit en route pour la province du Poitou. Ses deux Coadjuteurs, Saint Austriclinien et Saint Alpinien, accompagnaient l'Apôtre d'Aquitaine dans cette heureuse mission, et le secondaient dans ses pénibles travaux apostoliques.

Dans toutes les villes et bourgs où nos trois Saints passèrent, ils prêchèrent l'Evangile de Jésus-Christ, et Dieu coopérant avec eux, les peuples imitèrent le comte Arcade, et en peu de temps les Poitevins renoncèrent au culte des idoles et se firent baptiser.

Le Christianisme se rattache si intimement à

---

(1) Saint-Etienne est la cathédrale du Diocèse de Limoges, suffragant de Bourges. Le clocher de cette Eglise fut bâti en 1198, par les soins de l'évêque *Sabrand-Chabot*. Le 31 juin 1571, vers l'heure de vêpres, le tonnerre tomba sur ce clocher, mit le feu à l'aiguille en bois, couverte de plomb, qui soutenait une grande croix de fer. Dans peu de temps le feu gagna l'intérieur du clocher, et se montra au-dehors. Le secours que les chanoines voulurent y apporter ne put arrêter l'incendie, à cause du plomb fondu qui tombait sur les ouvriers, tant au-dedans qu'au-dehors. A sept heures, tout le beffroi était embrasé, les flammes, poussées avec violence, sortaient de toutes les issues de haut en bas. Les cloches qui étaient au nombre de onze, et dont les sons étaient en harmonie, furent fondues. La matière coula dans la rue comme aurait coulé l'eau. Tout l'attirail de l'horloge tomba et fut consumé. Cet épouvantable incendie, qui dura jusqu'à minuit, a causé la ruine entière de la flèche, de manière que ce beau clocher n'est plus qu'une tour d'architecture gothique.

la nature de l'homme qui pense , qu'il n'est nullement étonnant que des populations entières se soient soumises à la foi chrétienne. L'espérance d'une éternité bienheureuse qui est innée en nous par l'infini qui y règne , entraîne facilement l'homme (1) : aimer Dieu est un sentiment si agréable, que malgré toutes les peines et les soucis de ce bas monde, la personne qui possède cet amour ne s'émeut de rien et jouit d'un bonheur inaltérable. Aussi écoute-t-on le prédicateur qui , comme Saint Jean (2), rapporte tout à l'amour divin (3). Saint Martial possédait cette douce persuasion qui entraîne l'auditeur , et , comme nous allons voir, lui attira l'affection des peuples.

De Poitiers , nos Saints furent à Archiac , en Saintonge , où Saint Martial guérit beaucoup de malades.

Arrivés à Saintes , nos héros chrétiens y annoncèrent la foi , qui fut reçue favorablement.

La vertueuse comtesse de Bordeaux , Benoiste, fut instruite des mérites et de la sagesse de Saint Martial. Comme une autre reine de Saba , elle quitta la capitale de la Guienne , et se rendit auprès de l'Apôtre d'Aquitaine , à Saintes , pour juger par elle-même des miracles qui s'opéraient et de la sublime doctrine du Christ qui y était annoncée. Combien cette Comtesse fut ravie en voyant qu'à la voix de Saint Martial les démo-

---

(1) Je désire, j'obtiens; et je désire encore.
(LA RELIGION , chant II.)
(2) I. Epître, chap. 3 , v. 23.
(3) . . . . . Dieu dit : . . . Aimez-moi;
Aimez-vous , l'amour seul comprend toute ma loi.
(LA RELIGION , chant VI.)

niaques étaient soulagés, les infirmes guéris, les pauvres secourus par la bienfaisance du riche. L'amour conjugal porta cette dame à supplier l'Apôtre d'Aquitaine de secourir son mari Sigebert qui était paralytique. Saint Martial, avec sa bonté ordinaire, prit part à l'affliction de Benoiste, et lui dit de tout attendre de la miséricorde de Dieu; mais que pour se le rendre plus propice, il fallait renoncer à ses fausses divinités et embrasser la loi du Maître tout-puissant qu'il servait. Les lumières de l'esprit et la droiture du cœur de la comtesse de Bordeaux, l'eurent bientôt décidée en faveur de la doctrine du Christ, et après avoir entendu et apprécié les instructions catéchismales, elle reçut le Sacrement du baptême des mains de Saint Martial.

Après l'auguste cérémonie du baptême de la comtesse Benoiste, l'Apôtre d'Aquitaine remit à cette pieuse et nouvelle chrétienne, le bâton (1)

___

(1) Ce bâton est connu dans l'histoire sous le nom de *Verge de Saint Martial*. Voici ce que la Tradition limousine rapporte à son égard :

« Une maladie contagieuse ravageait la ville de Bor-
» deaux ; les Bordelais eurent recours à une célèbre
» relique qui était conservée à Limoges, et qu'on nom-
» mait *la Verge de Saint Martial*. Les habitans de
» Limoges exigèrent des otages; ceux de Bordeaux con-
» sentirent à donner en cette qualité quatre de leurs
» Jurats ; mais voulant s'approprier la relique, ils
» travestirent en magistrats quatre porte-faix, sur les-
» quels le peuple de Limoges exerça la plus cruelle
» vengeance lorsqu'il s'aperçut qu'il avait été joué.
» Ils furent enterrés jusqu'aux épaules, et leurs têtes
» servirent de but aux boules que le peuple leur lança.»
Cette Verge était depuis conservée dans l'Eglise de
Saint André, où, plusieurs fois, elle fit des miracles.

que lui avait donné le Prince des Apôtres, et qui avait déjà servi à opérer le miracle indubitable de la résurrection de Saint Austriclinien, en lui recommandant de le transporter à Bordeaux, de le placer sur son mari, et de rendre gloire à Jésus, seul dispensateur des faveurs du ciel. Cette tendre épouse et zélée servante du Sauveur des hommes, exécuta fidèlement ce que Saint Martial avait ordonné, et le comte Sigebert devint un témoin vivant d'un nouveau miracle, en obtenant une guérison parfaite.

Nous devons rendre hommage à ce sexe pieux, modèle de toutes les vertus. Non-seulement il y a des filles vierges qui, dédaignant les attraits du monde, se consacrent au Seigneur et au soulagement des pauvres; mais il y a des épouses chéries, des mères tendres qui, comme Sainte Monique, savent conduire leurs époux, leurs enfans, dans la voie du Seigneur, et leur font mériter une gloire éternelle. Tel était le caractère de la sage Benoiste : aussi, son mari étant guéri, s'empressa-t-il de se rendre à Angoulême, afin de témoigner sa reconnaissance à Saint Martial, se soumettre à la loi de Jésus-Christ, et engager nos Saints de venir à Bordeaux. Il dut assister au baptême des Saints Ausonin et Aptone.

Un cœur reconnaissant prouvant une âme noble,

Saint Martial ne fit nulle difficulté de suivre le comte Sigebert dans la capitale de cette riche province, qui produit en quantité la liqueur qui sert au plus auguste des Sacremens que reçoivent journellement les respectables prêtres catholiques.

L'Apôtre d'Aquitaine traversa la Garonne, fit son entrée solennelle à Bordeaux, et se rendit au palais de Sigebert (1).

Après quelques jours de repos à Bordeaux, qui furent tous à l'avantage de la propagation du Christianisme, nos Saints quittèrent cette ville, et parcoururent toute la Guienne, catéchisant et baptisant les peuples.

De retour à Bordeaux, Saint Martial fut instruit du crucifiement de Saint André, qui avait eu lieu à Patras en Achaïe : alors l'Apôtre d'Aquitaine crut qu'il était de son devoir de consacrer et de dédier la métropole de Bordeaux, sous le nom et l'invocation de ce grand Apôtre et Martyr, son parent, et le frère de Saint Pierre.

RETOUR DE SAINT MARTIAL A LIMOGES.

L'Apôtre d'Aquitaine et ses Coadjuteurs désirant continuer leur pieuse mission, firent leurs adieux au comte Sigebert et à l'heureuse Benoiste, son épouse, et quittèrent Bordeaux.

Arrivés à Agen, Saint Martial y prêcha le Christianisme, et y convertit un grand nombre de personnes. Ce fut de même à Toulouse, dans le Rouergue, dans le Gévaudan, dans le Vélay,

---

(1) La Tradition dit : Que nos Saints y firent leur entrée en 56, par la *Porte-Basse*, bâtie sous l'empereur Auguste, où on voyait de nos jours le *Petit Bordeaux*, statue gothique en pierre, très-renommée. Ils se rendirent au palais qui plus tard fut nommé *de Galien* : on voyait encore en 1805 les ruines de ce palais, situé près de l'église Saint-Surin. Parmi les antiquités conservées dans cette église, on remarquait un Saint Martial prêchant la Foi et convertissant le grand-prêtre Sigilbert.

et dans le Quercy. Nos Saints éprouvèrent une persécution à Cahors ; mais ils sortirent victorieux de prison, et convertirent à la foi leur persécuteur, même le geôlier Astolphe.

Oubliant les riants côteaux de la Charente et de la Garonne, nos Saints sourirent à la vue des lieux pittoresques que présentent les montagnes, les ruisseaux et les bois du Limousin : leurs cœurs se dilataient en voyant ces habitations couvertes de chaume, mais qui renfermaient des âmes embrasées d'un amour qui les élevait vers leur Créateur, et qui lui rendaient un culte pur de sang et de concupiscence : partout ils virent que la doctrine qu'ils avaient prêchée n'avait pas été oubliée ; qu'au contraire, semblable à l'arbre qui orne nos guérets et qui produit des fruits qui nourrissent nos laborieux cultivateurs lorsque les frimats les font demeurer en repos au sein de leur chère famille, cette doctrine divine avait produit des branches qui ne seront jamais jetées dans le lieu où *il y aura des grincemens de dents* : ils jugèrent par eux-mêmes, que le grand avantage du Christianisme est d'établir une civilisation qui porte les hommes à s'aimer et à s'aider mutuellement. Les populations entières se prosternaient devant eux pour recevoir la bénédiction paternelle et apostolique du grand Saint Martial, et c'est entouré d'un nombreux et pieux cortège que nos Saints arrivèrent à Limoges, au milieu d'un troupeau plein d'affection pour des pasteurs si dignes d'être aimés des peuples.

DÉDICACE DE L'ÉGLISE SAINT PIERRE.

Tandis que Saint Martial élevait des temples vivans où devait résider l'amour de l'Eternel, le duc Etienne, pour apaiser ses remords, faisait bâtir une église sur le tombeau de son illustre victime, la vierge Valerie (1). Au retour de l'Apôtre d'Aquitaine, que le Proconsul reçut magnifiquement, il fut convenu entre ces deux grands personnages, que la dédicace de cette église serait faite avec toute la pompe que méritait l'hommage public dû au Prince des Apôtres auquel elle serait consacrée.

Le premier Evêque de Limoges fit publier partout et désigna le jour de cette solennelle cérémonie : le duc Etienne y invita toutes les plus marquantes personnes des provinces limitrophes; cette célèbre cérémonie eut lieu le 6 des nones de mai an 70 : une foule immense de peuple y assista; le duc Etienne orna l'autel de quatre couronnes d'or, d'une croix, de six chandeliers, d'un encensoir du même métal. « Pendant la cérémonie, » Saint Martial fut environné d'une lumière extraordinaire, que personne ne pouvait regarder fixément, et qui se répandit dans toute » l'Eglise. » A la fin de la cérémonie, Saint Martial fit une très-belle prédication, après laquelle le clergé et le peuple rendirent gloire à Dieu. Trente-six prêtres furent désignés pour chanter l'office divin, parmi lesquels on comptait André

____

(1) Vie du duc Etienne; Collin, p. 172.

(Anterius), l'ami de Saint Aurelien, et le jeune Hildebert, fils du comte Arcade (1).

MORT DE SAINT MARTIAL.

Saint Martial ayant vu tomber à ses pieds les idoles, anéantir le Paganisme et son affreuse tyrannie, établir la sublime doctrine du Christ, dans toute l'Aquitaine, et observer les cérémonies catholiques, ne pensa plus qu'à l'heureux moment où son âme irait dans le sein de Dieu jouir des biens célestes qui lui étaient réservés.

Un jour que ce Saint Apôtre était en prières, le Sauveur du monde lui apparut de nouveau et lui dit qu'il avait assez travaillé pour sa gloire, qu'il était content de son amour, et qu'il eût à se préparer pour recevoir le salaire de ses pénibles travaux. Saint Martial toujours fidèle à la voix de son maître, se disposa à quitter ce bas monde. Mais voulant voir son troupeau chéri pour la dernière fois, il réunit les peuples dans un champ, hors ville ; leur récapitula tous les points de la foi qu'il leur avait prêchée, leur rappela les

---

(1) D'après les Annales, t. 2, p. 356, l'église qui fut dédiée par Saint Martial, reçut le nom de *Saint-Pierre-du-Sépulcre*. La chapelle de Notre-Dame de la Courtine était contiguë à la grande Eglise de Saint Martial, rebâtie par ordre de Louis-le-Débonnaire. « Ce qu'il y a de certain, dit M. Labiche de Reignefort, c'est » que l'architecture de cette dernière (la Chapelle) pa- » raissait être de la plus haute antiquité. » L'église de Saint-Pierre-du-Queyroix (*de Quadrivio*), qui existe aujourd'hui, ne date que du milieu du sixième siècle, étant bâtie par ordre de l'évêque Rorice II.

instructions, et les préceptes qu'il leur avait donnés, et finit sa prédication en leur donnant sa bénédiction paternelle. Tout le peuple versa des larmes de sensibilité, et fut extasié de voir l'Apôtre d'Aquitaine entouré d'une lumière divine, et d'entendre une voix du ciel qui dit : « Sors de » ton corps, âme bénie ; et parce que tu as quitté, » pour mon service, ta patrie et tes parens, » viens jouir des délices éternelles. » Toute l'assemblée la vit monter dans les cieux.

Ce trépas miraculeux eut lieu le dernier jour de juin, de l'an 74 de J.-C., le 59e de son âge, et le 28e de sa mission.

Ainsi se termina la carrière de ce grand homme, le glorieux Saint Martial, notre père dans la foi catholique, apostolique et romaine ; plus digne de nos hommages et de notre admiration, que les Alexandres, les Césars, et autres conquérans, qui doivent être regardés comme les fléaux du genre humain, tandis que des hommes comme Saint Martial en sont les bienfaiteurs : aussi voit on citer avec vénération les noms des premiers chrétiens. Aux sophistes seuls, imbus de la bile voltairienne, permis de critiquer ; mais qu'il sachent que leur maître ne sut pas seulement respecter, dans Jeanne d'Arc, l'amour de la patrie.

Une quantité de miracles eurent lieu pendant les funérailles de l'Apôtre d'Aquitaine, qui se firent avec toute la pompe que méritait l'homme de Dieu et le père des peuples. Le corps fut porté par Austriclinien, Alpinien, André et Hildebert. Aurelien (alors évêque) officia pontificalement.

« Lorsqu'on portait son corps en terre, le ciel

» s'entrouvrit tout le long du chemin, comme
» pour marquer le lieu où il devait être inhu-
» mé. »

Il fut déposé près des tombeaux de Ste Valerie
et du duc Étienne, qui avaient été bâtis par Ama-
fius (S. Amafre), architecte de Silanus (1). Le Pape
Jean XXII, ordonna, par suite, qu'on célèbrerait
la fête de Saint Martial, avec les mêmes solen-
nités que celles des douze Apôtres. L'Eglise de
Limoges la célèbre le 30 juin. Le peuple Li-
mougeau entretenait douze cierges allumés jour
et nuit devant le tombeau du Patron de leur ville,
qui les a toujours protégés et ne les abandonnera
jamais dans leurs calamités. La Grande-Frérie de
Saint Martial maintient cette pieuse coutume.

GUÉRISON MIRACULÉUSE.

Le lendemain de l'inhumation du corps de
Saint Martial, dans le même tombeau où on le
voyait encore avant la révolution de 1789, un
paralytique de Toulouse et quatre aveugles furent
guéris après que Saint Aurelien, successeur de
Saint Martial à l'épiscopat, les eut touchés avec
le suaire de l'Apôtre d'Aquitaine (2).

MORT DE SAINT ALPINIEN.

Cinq ans après le décès de Saint Martial, Saint
Alpinien rendit son âme à Dieu, et fut inhumé

----

(1) Annales du Limousin, tome 2, p. 575.
(2) Collin, vie de Saint Martial, page 237. « Quand
» un auteur grave, dit le judicieux Fleury, préface de
» l'histoire ecclésiastique, page 7, nomme les auteurs
» plus anciens dont il a tiré ce qu'il raconte, il doit être
» cru. »

auprès de son Evêque (1), qu'il avait suivi constamment et aidé dans ses fonctions apostoliques. Sa fête se célèbre le 27 avril. Il est le Patron de la ville d'Aixe, près Limoges. Ses reliques furent transportées à Castel-Sarrasin, ville du Languedoc, près de Montauban, et leur vénération autorisée par le pape Clément VIII.

MORT DE SAINT AUSTRICLINIEN.

Saint Austriclinien mourut peu de temps après, et son corps fut inhumé près de ses deux chers compagnons. Sa fête se célèbre le 15 octobre.

SUCCESSEURS DE SILANUS.

Après la mort du duc Etienne, Sabinus Calminius fut nommé proconsul d'Aquitaine, et étant zélé à la Religion chrétienne, il fit bâtir plusieurs églises.

Sergius Galba lui succéda, et Julius Agricola fut le dernier proconsul de l'Aquitaine.

CONCLUSION.

Le Christianisme établi, nos ancêtres se plaisaient à raconter à leurs enfans les faits dont ils

---

(1) La coutume des anciens était de brûler les morts ou de les ensevelir hors ville. Saint Martial édifia un cimetière pour enterrer les Chrétiens. Il était situé près la porte Panet et fut connu sous le nom de *Saint-Augustin-lez-Limoges*. Ce ne fut qu'au treizième siècle que l'on commença d'enterrer les morts dans l'enceinte des villes et dans les églises. Nos Saints furent exceptés de l'ancienne coutume vu leurs éclatans mérites. Aujourd'hui le cimetière général de Limoges est au nord de cette ville. Il fut bénit par Mgr Du-Bourg, le 10 avril 1805.

avaient été témoins oculaires : ces enfans les rap-
portaient à leurs descendans, de manière qu'il
s'est maintenu une Tradition constante, et une
pieuse émulation qui a produit des Saints nombreux dans la province du Limousin : les personnes qui ne pouvaient pas embrasser l'état ecclésiastique, étaient bien aises de faire partie
d'une Confrérie. La multiplicité des églises et des
couvens à Limoges, la foi profonde, la piété fer-
vente et le dévouement sans bornes des fidèles
de cette ville, la firent surnommer *la ville sainte*.
Parmi les Confréries, on distingua toujours celle
de Saint Martial, qui a su conserver le Chef précieux de ce grand Apôtre d'Aquitaine(1), malgré
toutes les révolutions et les guerres qui ont eu
lieu, et qui, de nos jours, se compose de citoyens
dévoués et vertueux, imitateurs du zèle de leurs
pères. Ils se font un devoir sacré de garder leur
saint dépôt, et d'être attachés du fond du cœur
à la Religion Catholique. Espérons que leurs
successeurs, animés du même zèle et des mêmes
sentimens, se perpétueront de siècles en siècles,
obtiendront des hommages sincères à leur puissant et glorieux Protecteur, et seront toujours les
premiers à donner l'exemple de la fidélité chrétienne. Alors le pieux étranger répétera :

« J'ai vu le peuple en foule, au milieu de Limoges,
» Suivre et porter son Saint en chantant ses éloges. »

---

(1) Le drapeau septennal et la cocarde qu'arborent
Messieurs les Membres de la Grande-Frérie de Saint
Martial, lors des *Ostensions*, sont blancs et amarantes.
Les Annales du Limousin, tome 2, page 664, parlent
avantageusement de cette antique et civique Confrérie.

STATUTS

ET

RÉGLEMENS GÉNÉRAUX

DE LA GRANDE-FRÉRIE

DE

SAINT MARTIAL,

APÔTRE D'AQUITAINE,

Érigée en l'année 1356 par le roi Jean.

LIMOGES,

CHEZ MARTIAL ARDANT ET FILS, IMPR.-LIBR.

—

1835.

[illegible]

[illegible]

[illegible]

[illegible]

[illegible]

[illegible]

[illegible]

INTRODUCTION.

La révolution de 1789 ayant ébranlé la monarchie et l'autel, le glorieux Chef de l'Apôtre d'Aquitaine, Saint Martial, quitta le lieu de sa sépulture, où la piété de nos pères lui rendait sans cesse des hommages, et fut transporté dans l'église de Saint-Michel-des-Lions : bientôt le fameux décret de l'assemblée législative qui ordonnait la déportation des prêtres qui refusaient de prêter serment à la constitution de 1791, obligea la majorité du clergé à quitter la France. La paroisse de Saint-Michel se trouvant sans pasteur, M. Imbert, pour sauver le Chef de l'Apôtre d'Aquitaine des mains des impies, le transporta chez lui, et le plaça avec précaution dans sa chambre.

Le concordat de 1801, rétablissant la paix dans l'Eglise de France, Monseigneur Du-Bourg occupa le siége épiscopal de Limoges ; M. Martin la chaire pastorale de Saint-Michel, et les fidèles Catholiques reprirent le cours de leurs pieux devoirs.

Le premier sentiment du successeur de Saint Martial, fut de rechercher le Chef de ce grand Apôtre : il sut que la famille Imbert le conservait précieusement : des pourparlers eurent lieu, et le jour fut fixé pour la translation du Chef de l'Apôtre d'Aquitaine.

Une cassette placée dans la Châsse de Saint Martial contient les procès-verbaux en date du 7 et 30 juin 1803 , constatant les faits et preuves de la conservation miraculeuse du Chef de l'Apôtre d'Aquitaine , et de sa translation à Saint Michel. Ces procès-verbaux sont signés par M. Guillaume Imbert , Monseigneur Du-Bourg , et plusieurs autres témoins, notamment M. Cramouzaud , ancien chanoine de la Collégiale de Saint Martial.

Messieurs les Fabriciens et Amiers de l'Eglise de Saint Michel ayant invité Messieurs les anciens Membres de la Confrérie de Saint Martial à se réunir, le 9 mars 1806 ces Confrères se rendirent chez M. Dureysseix, et il fut décidé que l'antique et civique Grande-Frérie était rétablie.

Une fois la Confrérie de Saint Martial constituée légalement , Messieurs les Membres s'occupèrent de procéder dans leur intérêt et dans l'intérêt de leurs successeurs : alors les actes suivans furent consentis entre les parties contractantes.

A Messieurs les Curé, Syndics, Fabriciens et Amiers de la Paroisse de Saint-Michel-des-Lions à Limoges.

Les Officiers et Confrères de la Grande-Frérie de saint Martial, érigée dans l'église collégiale de Saint Martial à Limoges,

Ont l'honneur de vous exposer que leur Frérie fut établie dans ladite Eglise en l'année 1356 ; homologuée par le roi Jean en la même année ; par l'Official de Limoges en 1357 ; par le Sénéchal du Limousin et du Poitou en 1361 ; par les Gouverneurs, Lieutenans généraux des rois d'Angleterre et d'Aquitaine, et par Monseigneur Raymond de la Martonie, Évêque de Limoges, le 29 mars 1624, et rétablie par une bulle du Pape Urbain du 18 avril 1644 ; qu'ils sont dans l'usage :

1º De faire célébrer, le 7 juillet de chaque année, une Grand'Messe ; fournir le luminaire du Grand-Autel, et payer le sermon.

2º D'assister tous les mardis de Pâques en corps et processionnellement suivant l'usage ; de vénérer la Châsse de saint Martial, dans les rues de la Croix-Neuve et de la Monnaie, où la procession suspendait sa marche.

3° Le mardi de Pâques de chaque année d'Ostension, le Confrères allaient à la Grand'Messe ; deux des Officiers, vêtus en noir, avec les panonceaux, assistaient à l'ouverture du Chef du saint Apôtre, l'accompagnaient jusqu'au lieu où l'on l'exposait à la vénération du Public ; fournissaient deux cierges qui brûlaient sans cesse, depuis ledit jour jusqu'au dimanche de Quasimodo ; que tous les jours, pendant l'Ostension, ils se rendaient, toujours avec les cierges et panonceaux, à l'ouverture et clôture du Chef, de même que les dimanches jusqu'au soir.

4° Qu'ils avaient dans ladite Église une chapelle qui leur appartenait, où ils se réunissaient, qu'ils faisaient garder et entretenir à leurs dépens.

5° Qu'en 1773, ils furent autorisés par les Abbé, Prévôt, Chantres et Chanoines de Saint-Martial, de promener exclusivement, le jour de la mi-carême, le Drapeau qui annonçaient l'Ostension, dont les Chanoines fesaient les frais dudit Drapeau.

6° Que sur l'invitation que vous avez faite aux Confrères, de se réunir la présente année, ils ont fait la Cérémonie accoutumée le jour de la mi-carême dernier.

Qu'avant la révolution ils jouissaient des rentes attachées à ladite Frérie, ce qui les mettait en même de fournir aux frais dont on a parlé ; mais étant privés de se réunir et des offrandes qui étaient faites, ils ne pourraient se rétablir s'il ne leur était pas accordé une quête ou rétribution.

C'est pourquoi ils ont recours à vous, Messieurs, pour qu'il vous plaise de leur permettre de faire une quête à la suite, immédiatement de MM. les Amiers, pour les réparations de Saint Martial ; ils offrent d'employer le produit de cette quête de toute l'année et suivantes :

1° A faire faire une coupe en cuivre doré, pour remplacer celle qui n'existe plus depuis la révolution, et de faire faire une Châsse en bois doré, pour renfermer le Chef de Saint Martial, et faciliter la Procession du mardi de Pâques.

2° Ainsi que de faire faire des Panonceaux argentés.

3° De faire établir un banc dans l'emplacement qu'il y a, depuis la balustrade de la chapelle de Saint Martial, jusqu'au confessionnal, à prendre des fonds baptismaux, jusqu'au banc de madame la Préfète.

4° Enfin, leur accorder aussi le droit de s'assembler dans le local qui compose l'orgue de ladite Eglise, et ce, provisoirement, jusqu'à ce que l'orgue sera rétabli dans ladite Eglise, le tout à l'honneur et gloire de saint Martial et rétablissement de la Religion dans toute sa splendeur et vénération. Signé, *Vacquand*, premier Baile ; *Genty*, premier Conseiller ; *Bardinet*, père, Baile ; et plus bas est écrit :

5° Leur accorder les quatre stalles dans le chœur, savoir ; deux du côté des Fabriciens, et deux du côté des Amiers.

Et plus bas il est écrit : Nous soussignés, *avons accordé* à MM. les Confrères de la Grande-Frérie de Saint Martial, les demandes faites dans leur pétition, à Limoges, le 26 mars 1806. Signé, *Estienne père; Brisset jeune; Reculés père; Russy; Math. Nadaud; Arnaud, Disnematin-Desalles; Peyroche; Desroches jeune; Dépéret-Muret; Debort; Montégut*, Curé de Saint-Michel.

Enregistré à Limoges, le 6 novembre 1806. Reçu un franc dix centimes, signé Reytier.

Cet acte authentique fut déposé en l'étude de Me Baju, notaire à Limoges (aujourd'hui étude de Me Prungnat), le 11 novembre 1806.

Ce pacte sacré, consenti réciproquement entre Messieurs le Curé et Fabriciens de la paroisse de Saint-Michel-des-Lions, et les Officiers de la Confrérie de Saint Martial, établit et assure les priviléges et les devoirs des parties contractantes.

La minute de cet acte étant placée dans une étude, sous la protection des lois qui maintiennent l'intégrité de la propriété, une copie est utile à chaque membre de la Grande-Frérie. C'est à cet effet, qu'on l'a imprimée en tête des Statuts qui régissent cette Confrérie.

CHASSE DE SAINT MARTIAL.

Aujourd'hui 2 juillet 1809, à 6 heures du matin, dans la sacristie de l'église paroissiale de Saint-Michel-des-Lions, où étaient légalement assemblés MM. Jean-Baptiste Montégut; Jean-Baptiste Boisse père; Pierre Martin-Gravier; Pierre-Eustache Charpentier, directeur des contributions directes; et Jean-Baptiste Rouard-Decard fils, homme de loi; le premier Prêtre, Curé actuel de ladite église de Saint-Michel-des-Lions, et les quatre derniers Fabriciens internes en exercice de la susdite Eglise, soussignés.

Sont comparus MM. Jean-Baptiste Lingaud père; Léonard Deschamps; Jean-Baptiste Bardinet père; Léonard Gondaud aîné; Pierre Marsat; Pierre Barry aîné; Gilbert Vacquand père; et Gabriël Bricaille; les deux premiers, Bailes, les troisième, quatrième et cinquième, Conseillers en charge pour la présente année, de la Grande-Frérie de Saint Martial, établie, ci-devant, dans l'église séculière et collégiale de Saint-Martial de Limoges; et; à présent, érigée dans ladite église paroissiale de Saint-Michel-des-Lions; et les trois derniers, de même que ledit Léonard Gondaud, commissaires nommés par ladite Frérie, aux fins de la confection d'une Châsse dont sera ci-après parlé, tous demeurant à Limoges.

A été dit et exposé de la part desdits sieurs Bailes, Conseillers et Commissaires de ladite Frérie de Saint Martial, qu'en exécution de leur promesse et engagement par eux souscrits, lors de l'arrêté du 26 mars 1806, enregistré le 6 novembre suivant, et déposé en l'étude de Me Baju, notaire impérial, le 11 du même mois, duquel il a été présentement donné lecture par le sieur Rouard-Decard, ils sont parvenus à faire faire une Châsse, tant des dons personnels de tous les Confrères, que du produit des quêtes par eux faites dans l'église de Saint-Michel, pour déposer le Chef et autres Reliques du grand Apôtre d'Aquitaine; qu'ils ont fait porter ladite Châsse dans le lieu où nous sommes, et dont l'état et description d'icelle suit :

Une Châsse de la longueur d'un mètre trois cent dix-huit centimètres, sur six cent onze centimètres de largeur, y compris le dôme; huit panneaux, représentant les différens Miracles opérés par saint Martial : le dedans de ladite Châsse est garni d'un damas cramoisi, ainsi que les trois coffres, pour contenir le Chef et autres reliques de Saint Martial ; la susdite Châsse est en bois de chêne et couverte en cuivre doré, et au bas de laquelle se trouve cette inscription : *J'appartiens à MM. les Confrères de la Grande-Frérie de Saint Martial, an 1809* ; et qu'ils sont chargés de la part de tous les Membres de ladite Frérie de faire remise pure et simple de ladite Châsse, avec tous ses accessoires, en faveur du précieux Chef de Saint Martial, déposé dans l'église de Saint-Michel.

Messieurs les Curé et Fabriciens déclarèrent accepter la remise ci-dessus faite en faveur de l'Eglise, et en considération du zèle religieux des Membres de ladite Grande-Frérie, ils les ont maintenus dans tous les droits à eux accordés par l'arrêté du 26 mars 1806.

Cet acte fut approuvé, le 2 juillet 1809, par Monseigneur Du-Bourg, évêque de Limoges ;

Il fut enregistré, à Limoges, le 10 même mois ;

Et il fut déposé en l'étude de Mᵉ Baju (aujourd'hui étude de Mᵉ Prungnat), le 13 même mois.

La minute étant ainsi déposée, copie en a été imprimée pour la faire connaître à Messieurs les Membres de la Confrérie.

STATUTS

DE LA CONFRÉRIE

DE SAINT MARTIAL.

(Ne nous lassons pas de faire de bonnes œuvres , car lorsque le temps sera venu nous en recueillerons le fruit.
Saint Paul, aux Galates, chap. 6, v. 9.)

Les articles réglementaires extraits, par les Commissaires nommés le 6 février 1820 , des anciens Statuts de la Confrérie , des Arrêtés du conseil général de la Fabrique de Saint-Michel , des anciens arrêtés des assemblées générales de la Confrérie, modifiés suivant le besoin des circonstances , d'après l'état actuel des choses , sont et demeurent adoptés pour être exécutés suivant leur forme et teneur.

ARTICLE PREMIER.

Les anciens Statuts de la grande Confrérie de saint Martial , autorisés en l'année 1356 par le roi Jean et par l'Official de Limoges , en l'année 1357 par le Sénéchal du Limousin et du Poitou , approuvés et homologués le 20 mars 1624 par Monseigneur Raimond de la Martonie , Evêque de Limoges , continueront à être regardés et exécutés dans les articles ci-après , comme la base fondamentale de l'institution de ladite Confrérie.

Art. 2. La Confrérie est régie et gouvernée par quatre Conseillers et deux Bailes.

Art. 3. L'office des quatre Conseillers sera de régir et de gourverner les affaires de la Confrérie, garder et conserver les titres, livres, papiers, enseignement, et autres instrumens qui concernent les biens temporels, meubles, revenus et deniers de ladite Confrérie.

Art. 4. Pour cet effet, il y aura un coffre fermant à trois clefs, deux desquelles seront gardées par les deux premiers élus Conseillers, et la troisième par le premier élu des deux Bailes.

Art. 5. Ce coffre sera placé dans le lieu qui semblera le plus sûr aux trois Membres pour la conservation desdits titres.

Art. 6. La charge des deux Bailes sera de recueillir et recevoir les deniers qui seront dus et donnés à ladite Confrérie, poursuivre les divers intérêts d'icelle, avoir soin de la cire, cierges; et autres meubles appartenant au divin service; ensemble faire toutes les autres choses qui leur seront ordonnées par lesdits Conseillers, ou qui auraient été arrêtées par les Confrères en assemblée générale.

Art. 7. Les Bailes tiendront un livre particulier de recette et dépense de leur gestion, jour par jour, pour servir de base au compte qu'ils seront tenus de rendre chaque année aux Conseillers, et qui, après leur apurement, sera soumis à MM. les membres du bureau de la Fabrique de Saint-Michel, pour être approuvé par eux.

Art. 8. Les Bailes seront également chargés de faire, chacun leur semaine, la quête dans l'Eglise, pendant les Messes , à la suite des Amiers , pour les réparations et le luminaire de Saint Martial ; ils pourront se faire remplacer , dans ce service , par ceux de MM. les Conseillers ou Confrères qui en auront le loisir, demeurant chargés , dans tous les cas , d'y pourvoir.

(Arrêté du Conseil général du 26 mars 1806.)

Art. 9. Le produit de ces quêtes sera déposé immédiatement, et d'une manière ostensible, dans le tronc à deux clefs placé dans la chapelle de Saint Martial , et dont le premier Baile aura une des clefs , la seconde étant entre les mains du Trésorier de la Fabrique , avec lequel l'ouverture en sera faite tous les trois mois, dont il sera dressé procès-verbal , qui constatera la somme trouvée dans le tronc.

Art. 10. Il y aura un Secrétaire de ladite Confrérie.

Art. 11. Le devoir du Secrétaire sera de garder et apposer où besoin sera , le sceau de la Confrérie , d'écrire sur le grand registre de la Confrérie, déposé dans le coffre à trois clefs , les noms des Confrères et leur réception ; les actes des commissions qui seraient nommées ; les Statuts et Réglemens qui se pourront faire à l'avenir ; les arrêtés de compte et décharge des Conseillers et des Bailes ; les délibérations des assemblées générales , ensemble toutes les autres affaires et choses mémorables de la Confrérie dont il sera jugé nécessaire ou utile de conserver le souvenir : sa signature ne fera foi qu'autant que les choses par lui souscrites le seront également par deux des Conseillers ou Bailes.

ART. 12. Les quatre Conseillers, les deux Bailes et le Secrétaire seront élus dans une assemblée générale de la Confrérie, qui devra être convoquée à cet effet chaque année, le 7 juillet, jour de l'Octave de Saint Martial.

ART. 13. Ces élections se feront, individuellement pour chaque place, à la pluralité des suffrages donnés, soit de vive voix, soit par scrutin secret, ainsi que l'Assemblée le jugera convenable ; il faudra la moitié des voix et une de plus pour être élu.

ART. 14. Si deux épreuves successives ne donnaient cette majorité à aucun candidat, les suffrages de la troisième épreuve ne pourraient porter que sur les deux candidats qui auront réuni le plus de voix ; et celui qui alors réunirait la majorité relative, serait élu.

ART. 15. Chaque nomination devant être faite séparément, les Conseillers et Bailes tiendront le rang de leur nomination, le premier élu passant avant les autres.

ART. 16. Les élections ne pourront avoir lieu que dans une assemblée générale, composée de moitié au moins des membres de la Confrérie.

ART. 17. Pour cette fois seulement, les élections faites à l'assemblée générale du 6 février 1820 ne seront renouvelées que le 7 juillet 1821, à raison du peu de temps qu'il reste à s'écouler jusqu'audit jour.

ART. 18. A la susdite époque du 7 juillet 1821, deux des quatre Conseillers en charge, désignés par le sort, seront remplacés ; les deux Conseillers restant seront remplacés l'année suivante, par la suite ce seront toujours les deux Conseillers plus anciens en charge qui seront remplacés.

ART. 19. Les deux Bailes seront remplacés de la même manière ; savoir, celui désigné par le sort, le 7 juillet 1821 ; le second, le 7 juillet suivant, et par suite, à la même époque, le plus ancien.

ART. 20. Le Secrétaire sera remplacé tous les deux ans ; le premier remplacement n'aura lieu que le 7 juillet 1822.

ART. 21. Les Conseillers, Bailes et Secrétaire sortant pourront être réélus une fois seulement, et ne pourront plus ensuite être élus de nouveau que cinq ans après qu'ils seront sortis de charge.

ART. 22. Il y aura un Courrier attaché au service de la Confrérie, lequel sera nommé par les Conseillers et Bailes, qui pourront également le révoquer et congédier, en cas de négligence ou manquement, dont ils sont seuls juges.

ART. 23. L'office du Courrier sera de convoquer les Confrères, sur les ordres qui lui en seront donnés par les Conseillers et Bailes ; d'allumer les cierges de la Confrérie, assister aux Processions et assemblées, en qualité d'huissier ou bedaud, et généralement faire, pour le service de la Confrérie, tout ce qui lui sera commandé par les Conseillers et Bailes ; les salaires du Courrier demeurent fixés à soixante francs par an, il lui sera donné un habillement distinctif aux frais de la Confrérie ; il le laissera à son successeur.

ART. 24. Avant d'entrer en charge, les Conseillers promettront entre les mains des Confrères, en assemblée générale, de bien et fidèlement exercer leurs charges, faire et procurer le bien du général et du particulier de la Confrérie, et empêcher qu'elle ne souffre aucun dommage par leur faute.

ART. 25. Les Bailes et le Secrétaire feront la même promesse entre les mains des Conseillers, aussi avant d'entrer en charge.

ART. 26. Les Conseillers seront tenus, dès le lendemain de l'expiration de leur charge, et de leur remplacement, de rendre compte de leur gestion ; ils feront la remise des objets confiés à leur garde, et dont le constat aura été établi à leur entrée par un inventaire qu'ils seront tenus de représenter.

ART. 27. Le Baile sortant rendra de même le compte de sa gestion, par chapitre de recette et dépense, au Baile restant et à celui qui entrera en charge, en présence des Conseillers, dans la huitaine après son remplacement, et leur fera la remise du registre de la comptabilité, ainsi que des deniers dont il se trouvera comptable et de tous autres objets confiés à sa garde.

ART. 28. Le Secrétaire sortant de charge sera également tenu de représenter et remettre dans les trois jours de son remplacement, en présence de MM. les Conseillers et Bailes en charges, tous registres, papiers et documens qu'il aura en son pouvoir.

ART. 29. Il sera dressé sur le grand registre procès-verbal desdites remises et redditions de comptes, ainsi que de la décharge qui en sera donnée à chaque comptable.

ART. 30. En cas de retard de la part des Comptables à rendre leurs comptes dans les susdits délais, il en sera référé à une assemblée générale, que les Bailes seront tenus de convoquer à cet effet, et qui avisera aux moyens de contraindre les retardataires.

ART. 31. Le nombre des Confrères est fixé provisoirement à soixante-douze, et ne pourra être augmenté que d'après une délibération *ad hoc* d'une assemblée générale.

ART. 32. Il pourra être reçu de nouveaux Confrères jusqu'à concurrence de ce nombre.

ART. 33. Les aspirans devront être proposés par l'un des Officiers de la Confrérie, à l'une de ses assemblées générales, et ne pourront être admis qu'à l'assemblée suivante, à la majorité absolue des suffrages, c'est-à-dire, la moitié plus un.

ART. 34. Les qualités expressément requises pour être reçu sont : de faire profession de la foi Catholique, Apostolique et Romaine, de pratiquer les vertus d'un bon Chrétien ; et surtout de remplir exactement son devoir paschal, cette obligation étant également de rigueur pour tous les Confrères déjà admis dans la Confrérie.

ART. 35. Chaque récipiendaire paiera, pour droit d'admission, une somme de vingt-quatre francs, qui sera par lui versée, avant son inscription sur la liste générale, entre les mains du premier Baile.

ART. 36. Les enfans mâles des Confrères, âgés de 21 ans, pourront être admis dans la même forme, et ne paieront que la moitié dudit droit.

ART. 37. Les nouveaux Confrère, promettront, le jour de leur réception, entre les mains du premier des Conseillers et en présence des autres

Confrères , de garder les Statuts et réglemens de
la Confrérie, et d'en procurer le bien et l'honneur
de tout leur pouvoir.

ART. 38. S'il arrivait, ce qu'à Dieu ne plaise ,
que quelqu'un des Confrères se laissât aller à une
vie scandaleuse, il sera avertit charitablement
par deux Conseillers ; en cas d'inutilité de ce premier avis, il sera invité à se rendre en présence
des Conseillers, Bailes et Secrétaire réunis avec
quelques-uns des plus notables et anciens Confrères , pour y recevoir des représentations frater-
nelles et amicales ; si cette nouvelle tentative
n'avait pas de succès, il en serait rendu compte
à une assemblée générale , convoquée à cet effet,
et par laquelle le délinquant pourra être expulsé
de la Confrérie, et rayé de la liste générale de ses
membres , à la majorité des deux tiers des voix
plus une ; il sera procédé de la même manière
sans admonitions préalables, au sujet de tout
Confrère qui aurait le malheur d'être repris de
justice, pour délit correctionnel ou infamant.

ART. 39. Il y aura de droit chaque année trois
assemblées générales de la Confrérie, lesquelles
seront convoquées nécessairement par MM. les
Officiers en charge, la première, comme dit est,
le 7 juillet; la seconde, le premier dimanche de
novembre, et la troisième, le lundi avant le
dimanche des rameaux ; elles auront pour objet
de traiter des affaires générales et particulières
de la Confrérie, et notamment pour ce qui con-
cerne le service de Dieu, l'honneur de son saint
Apôtre et les œuvres de charité et de miséricorde.

ART. 40. Outre ces assemblées générales, il pourra, en être convoqué d'autres, lorsque deux Conseillers et un Baile le croiront nécessaire pour les affaires et l'avantage de la Confrérie.

ART. 41. Chacun des Confrères sera tenu d'assister à ces diverses assemblées, et s'il manquait à trois de suite, quoique dûment averti, sans empêchemens légitimes ou cause d'absence, il lui serait fait, par le premier des Conseillers, des représentations amicales sur cette négligence; et si elle se renouvelait sans excuse suffisante pendant trois autres assemblées, il en serait référé à la suivante, où il serait statué s'il y a lieu ou non à l'exclusion.

ART. 42. Deux fois par an, aux époques qui seront jugées plus convenables par les Conseillers et Bailes, il sera fait par eux des visites de charité dans les prisons et hôpitaux, pour y distribuer des secours proportionnés aux facultés et ressources de la Confrérie.

ART. 43. Dès qu'un Confrère se sentira atteint d'une maladie grave, il en fera prévenir l'un des Conseillers, lequel en avertira ses Collègues et les Bailes, qui auront soin de le visiter et consoler, comme aussi de pourvoir à toutes les nécessités spirituelles et corporelles, des moyens de la Confrérie, et surtout de l'inviter à se faire administrer les sacremens.

ART. 44. En cas de décès, et sur l'avis qu'en donnera la famille, ou que l'un des Officiers de la Confrérie recevra de toute autre manière, le Courrier sera chargé d'aller l'annoncer à tous les Confrères présens, qui seront tenus d'assister à ses obsèques.

ART. 45. Les Bailes seront tenus d'annoncer sans retard ledit décès à la sacristie de l'église Saint-Michel, pour que, conformément à l'arrêté du conseil général de la Fabrique du 20 août 1815, la plainte soit sonnée de suite pendant demi-heure, qu'il soit ensuite sonné à la volée, le soir à l'Angelus, pendant un quart-d'heure, le lendemain matin, aussi à l'Angelus, pendant le même espace de temps, et enfin au moment de l'enterrement, lorsqu'il sera fait dans l'église Saint-Michel, quelque soit l'ordre.

ART. 46. Les Bailes sont aussi chargés de prévenir à la sacristie la veille du service, pour que, conformément au même arrêté, il soit annoncé à l'Angelus du soir par une sonnerie d'un quart-d'heure; et, le jour, pendant le même temps à l'Angelus du matin, et finalement, au moment du service comme à l'ordinaire.

ART. 47. Aux obsèques de chaque Confrère, les deux Bailes, et, à leur défaut, deux Conseillers ou Confrères précéderont le corps du décédé, tenant les deux angles du poêle ou drap mortuaire, portant en main chacun un Cierge avec les Panonceaux d'argent, lesquels cierges demeureront allumés pendant les obsèques, et le résidu de la cire à la charge des parens, sera par eux recueilli pour appartenir à la Confrérie, il en sera de même pendant les services.

ART. 48. Les Bailes seront également chargés de faire célébrer dans la huitaine du décès, aux frais de la Confrérie, pour le repos de l'âme du Confrère décédé, un service dans l'Eglise où est établie la Confrérie, et devant sa chapelle; les

Confrères seront prévenus par le Courrier des
jour et heure de la célébration de cette messe, et
tenus d'y assister.

ART. 49. Le lendemain de l'Octave de la fête
de Saint Martial , il sera fait , à la diligence des
Bailes et aux frais de la Confrérie , en l'église de
Saint-Michel , un service solennel général pour
tous les Confrères décédés ; tous les Confrères
vivans et présens seront tenus d'y assister ; les
cérémonies ci-dessus prescrites pour les obsèques
et services y seront observées.

ART. 50. Les Confrères seront tenus d'assister
à toutes les Processions ordinaires et extraordinaires qui se feront en l'honneur de Saint Martial , ou lorsque la Châsse sera portée pour
quelque nécessité publique : il sera remis , à cet
effet , à chacun des Confrères présens , par les
soins des Bailes , un Cierge de demi-livre ; le
résidu de la cire sera recueilli par les Bailes au
profit de la Confrérie.

ART. 51. Audites Processions , les deux Bailes
marcheront en tête , ayant chacun un des Panonceaux d'argent de la Confrérie ; les autres
Officiers à leur suite , aussi avec des Panonceaux
qu'ils feront faire , s'ils jugent à propos , à leurs
frais , et qu'ils pourront emporter et garder en
leurs maisons pour servir de marque et mémoire
de cet honneur.

ART. 52. Et comme plusieurs personnes de l'un
et de l'autre sexe , par la dévotion particulière
qu'ils ont au Saint Apôtre , pourraient désirer
de suivre la Procession , alors , sur leur demande
et par les soins des Bailes , il leur sera donné,

par eux en payant, une demi-livre de cire, des cierges de même poids, avec lesquels ils suivront la Procession après les Confrères; ces cierges seront recueillis après la Procession par les Bailes, pour être employés au service de la Confrérie, et seront les noms desdites personnes inscrits sur le livre général de la Confrérie, comme affiliées à ladite Confrérie, pour participer au bien qui s'y fait, et aux prières du Saint Apôtre.

ART. 53. Seront également tenus les Confrères d'assister à la Grand'Messe de la Paroisse, autant que possible, tous les dimanches de chaque mois et les Fêtes solennelles, dans les bancs de la Chapelle de Saint Martial, concédés à cet effet par la Fabrique à la Confrérie, et qui, d'après la même concession, seront augmentés, lorsque les facultés de la Confrérie le permettront, et de concert avec MM. de la Fabrique, par la confection d'un nouveau banc, depuis le coin du pilier en face de l'Autel Saint Martial; audit cas, ce pilier sera revêtu d'une boiserie jusqu'aux fonds baptismaux. (*Arrêté du 7 novembre 1806.*)

ART. 54. Aux jours susdits ainsi qu'aux jours ouvriers, pour la quête, les Conseillers, Bailes et Secrétaire, ou, à défaut, les plus anciens Confrères, se placeront dans le chœur, dans les quatre premières stalles basses qui leur ont été concédées à cette fin par la Fabrique. (*Même arrêté.*)

ART. 55. Tous les ans, le dimanche de l'Octave, après la grande fête de Saint Martial, avant ou après vêpres, il sera, par les soins des Conseillers et Bailes, prêché un sermon sur la fête ou tout autre sujet de piété, par un Ecclésiastique de leur choix, dont la rétribution sera acquittée sur les fonds de la Confrérie ; tous les Confrères en seront avertis par le Courrier, et tenus d'y assister.

ART. 56. Pour faire face aux dépens que nécessiteront les diverses dispositions ci-dessus, chacun des Confrères payera annuellement entre les mains du premier Baile, 1 fr. 50 c. pour aider à ces dépenses.

ART. 57. Ces recettes particulières, ainsi que celles des réceptions des nouveaux Confrères, et le produit de la cire des Processions, services et autres dons, seront l'objet d'une comptabilité particulière tenue par le premier Baile sur un livre séparé de celui du produit des quêtes ou des Ostensions, pour servir aux besoins particuliers de la Confrérie, étant formé de ses ressources propres et personnelles, dont elle n'est pas tenue de rendre compte à la Fabrique.

ART. 58. Aux années de l'Ostension des Reliques du Saint Apôtre et autres Saints de la ville et du diocèse, qui reviennent tous les 7 ans, il sera fait, aux frais de la Confrérie, par les soins des Bailes, et de concert avec MM. de la Fabrique de Saint-Michel, un Drapeau, qui sera promené par la ville, suivant l'ancien usage, pour annoncer cette Ostension, et placé ensuite, pendant toute la durée de ce saint temps, sur le clocher de l'Eglise de Saint-Michel.

ART. 59. Par les mêmes soins, et avec le même concert, il sera dressé dans l'Eglise de ladite paroisse, au côté droit de la grille du chœur, et aux frais de la Confrérie, une loge décorée et ornée convenablement, pour exposer à la vénération des Fidèles le Chef et les Reliques du Saint Apôtre, patron de la Confrérie; cette construction sera faite par les soins des Bailes avant le dimanche de Quasimodo, jour de l'ouverture de l'Ostension.

ART. 60. Les Bailes pourvoiront aussi à ce que ladite loge soit garnie de luminaire d'une manière convenable, aux frais de la Confrérie.

ART. 61. Au jour de l'ouverture de la Châsse, dont une clef est déposée à perpétuité entre les mains de Monseigneur l'Evêque, la seconde entre celles de M. le Maire de la ville de Limoges, la troisième, entre celles de MM. les Fabriciens de l'Eglise de Saint-Michel, et la quatrième, dans celles du premier Baile de la Confrérie, ce dernier se rendra muni de ladite clef, et assisté de deux Conseillers ou Confrères, à l'heure indiquée pour l'ouverture, à l'effet d'y assister et participer en la manière accoutumée; il en sera ainsi pour la clôture de la Châsse, à la fin de l'Ostension (*Procès-verbal du 2 juillet* 1809.)

ART. 62. Depuis le Dimanche de Quasimodo, jusqu'à celui de la Pentecôte, jour de la clôture de l'Ostension, les deux Bailes, qui, sur leur avis, seront remplacés en cas d'absence ou autre empêchement légitime, par des Conseillers ou Confrères, seront tenus de se trouver tous les jours à l'ouverture de la Châsse, et de précéder avec cierges et panonceaux, le Chef de Saint Martial, depuis l'Autel où il est déposé, jusqu'au lieu où doit s'en faire l'Ostension, comme aussi pour le reconduire de la même manière, lorsqu'on le rapportera à sa place ordinaire.

ART. 63. Les Bailes sont également chargés de pourvoir à ce que, pendant tout le temps que le Chef restera exposé dans la loge à la vénération des Fidèles, l'un d'eux ou l'un des Conseillers ou Confrères, en habit noir, se tienne dans la loge à côté du Prêtre qui offrira le Chef à la vénération, avec une tasse placée devant lui sur la tablette, pour recevoir, à titre de quête, l'argent qui pourra être donné pour le luminaire de Saint Martial, lequel sera immédiatement versé dans le tronc ordinaire.

ART. 64. Les Bailes sont également chargés de pourvoir à ce qu'au moment où les Processions entreront dans l'Eglise, l'un d'eux ou un second Conseiller ou Confrère, toujours en habit noir, entre avec le premier dans la loge, pour y recevoir soit des cierges allumés qui seront remis pour le luminaire de Saint Martial, et qui doivent appartenir à la Confrérie, soit les offrandes en cire non allumées, qui doivent être attachées à l'orgue pour appartenir ensuite au Clergé, ainsi que les offrandes en argent mises dans le plat, placé à cet effet entre le Chef et la tasse de la Confrérie, lesquelles appartiennent également au Clergé.

ART. 65. Dans le cas néanmoins où le Clergé consentirait à partager avec la Confrérie tant les offrandes mises dans le plat que les quêtes ramassées dans la tasse de la loge de Saint Martial, ainsi que les cierges allumés ou non qui se-

raient donnés par les Processions ou particuliers
lors de la vénération du Chef du Saint, les Bailes
y donneront leur adhésion, et, audit cas, les
construction et ornement de cette loge seront
prélevés sur la masse commune dont le surplus
sera alors partagé, y compris les offrandes pour
les Evangiles, dans la proportion des deux tiers
pour le Clergé, et un tiers pour la Confrérie.

ART. 66. Audit cas, à la fin de chaque séance,
l'argent provenant des offrandes des Evangiles et
des quêtes, ainsi que les cierges remis allumés ou
non, sauf ceux que les donateurs auraient expressément voulu être consommés dans la loge,
seront portés pour y rester en dépôt jusqu'au partage définitif, chez M. le Curé de la paroisse, par
M. le Vicaire ou Prêtre de service, et le Baile,
Conseiller ou Confrère placé dans la loge, assisté
du sacristain : là il sera fait compte et état du
tout en présence de M. le Curé, par note double,
dont une pour le Clergé, l'autre pour la Confrérie, lesquelles seront conservées par chacun, pour
être représentées lors du partage définitif, qui devra
être fait d'après les bases ci-dessus, à la fin de
l'Ostension.

ART. 67. Lorsque, par le résultat des arrêtés
de comptes trimestriels du produit du tronc, il
se trouvera à la fin de l'année, d'après l'acquit-
tement des frais ordinaires de la Confrérie, ur
excédant en caisse, les Conseillers et Bailes réunis
s'entendront avec MM. les Membres du bureau
de la Fabrique, pour l'emploi de cet excédant,
qui pourra être consacré en partie ou totalité,
suivant les circonstances, aux réparations et en-

tretien de l'Eglise de Saint-Michel, auxquels il est dans l'intention de la Confrérie de concourir en tout ce qui pourra dépendre d'elle, suivant ses facultés.

ART. 68. La stricte exécution des divers articles ci-dessus est confiée au zèle religieux de tous les Membres de la Confrérie, et, plus spécialement, des Conseillers, Bailes et Secrétaire en charge, lesquels seront tenus, sous leur responsabilité, de faire connaître toutes contraventions ou négligences, ainsi que les abus qui pourraient s'introduire, à l'assemblée générale de la Confrérie, qu'ils devront convoquer à cette fin, dès qu'il pourra y avoir lieu, afin qu'elle y pourvoie sans retard.

Fait et arrêté en assemblée générale de la Confrérie de Saint Martial, le 18 février 1820, ainsi qu'il est mentionné en l'arrêté dudit jour ci-dessus étendu à sa date, et signé de tous les membres présens.

Pour copie conforme, Signé, Estienne-Larivière, Marsat, Tarnaud, et Vacquand fils, conseillers; Perrier et Dufour, bailes; Coussy, secrétaire.

Vu et approuvé par les membres du Conseil général de la fabrique de Saint-Michel, à Limoges, le 17 février 1820.

Signé, Estienne-Larivière, président du conseil. Montégut, Curé de Saint-Michel; F. de Vaucorbeil, pour le secrétaire; Charpentier, Vivien, George Noualhier, Peyroche, Decoux.

Vu, approuvé et homologué pour être exécuté suivant sa forme et teneur, par nous M. J. Philippe Du-Bourg par la grâce de Dieu et du Saint-Siége apostolique, Evêque de Limoges, qui recommande l'observation des Réglemens que nous avons faits pour toutes les Confréries. En notre Palais épiscopal, le six avril mil huit cent vingt.

Signé † M. J. Ph. Év. de Lim.

Les susdits articles réglementaires sont écrits tout au long sur le grand livre de la Confrérie de Saint Martial, et signés individuellement de la propre main des personnes ci-dessus mentionnées. Ledit grand livre est gardé comme minute dans les archives de ladite Confrérie.

EXTRAIT *du Registre des Délibérations du Bureau des Marguillers de l'Eglise paroissiale de Saint-Michel-des-Lions.*

SÉANCE DU 20 AOUT 1815.

Aujourd'hui, vingtième jour du mois d'août 1815, le Bureau des Marguillers de l'Eglise paroissiale de Saint-Michel-des-Lions, réuni dans la salle de M. le Curé de la présente paroisse, lieu ordinaire de sa séance, il a été observé, par M. le Président, que les Bailes de la Confrérie de Saint Martial, établie dans ladite Eglise de Saint-

Michel, se plaignaient de ce que dans plusieurs occasions, les sacristains de ladite Eglise s'étaien t refusés de sonner les cloches lors du décès de plusieurs de leurs Confrères, et qu'ils demandaient que le bureau voulut bien prendre un arrêté qui établirait le mode d'annoncer, par le son des cloches, la mort des Confrères de Saint Martial, avec injonction aux sacristains et sonneurs de cloches de s'y conformer.

Le bureau prenant en considération les demandes des Bailes de la Confrérie de Saint Martial ; considérant qu'il est juste de reconnaître les services que cette Confrérie rend à l'Eglise, arrête le réglement ci-après, pour annoncer au son des cloches le décès des Confrères de Saint Martial, enjoint et ordonne aux sacristains et sonneurs de cloches de ladite Eglise, de s'y soumettre et de l'exécuter de point en point, et qu'à ces fins il leur en sera donné connaissance.

Réglement pour la Sonnerie des cloches de Saint-Michel, lorsqu'un Confrère de Saint Martial viendra à décéder.

Au moment du décés d'un Confrère, annoncé à la sacristie, on sonnera de suite la plainte pendant une demi-heure.

Le soir à l'Angelus, on sonnera à la volée pendant un quart-d'heure.

Le lendemain matin, aussi à l'Angelus, on sonnera à la volée pendant un quart-d'heure.

Au moment de l'enterrement, on ne sonnera que lorsqu'il sera fait dans l'Eglise de Saint-Michel.

Le service sera annoncé la veille au moment de l'Angelus, par une sonnerie d'un quart-d'heure.

Le jour du service, le matin à l'Angelus, on sonnera un quart-d'heure.

Et finalement, au moment où le service devra être fait, on sonnera comme d'ordinaire.

Fait et arrêté, les jour, mois et an que dessus ; signé au registre, *Charpentier*, président ; *Montégut*, Curé de Saint-Michel ; *Martin-Gravier*, Trésorier ; *Decoux*, Secrétaire.

Pour copie conforme ;

Signé, CHARPENTIER, *Président*.

DECOUX, *Secrétaire*.

EXTRAIT *du Registre des Délibérations du Conseil général de la Fabrique de l'Eglise paroissiale, de Saint-Michel-des-Lions.*

SÉANCE DU **10 MAI 1820.**

Présens MM. ESTIENNE-LARIVIÈRE, *Président* ; ANATHASE LABASTIDE, *Maire* ; MONTÉGUT, *Curé* ; CHARPENTIER ; DECOUX ; PEYROCHE ; NOUALHIER ; VIVIEN, *Secrétaire.*

Un Membre du Conseil a dit, que les Bailes de la Confrérie de Saint Martial se plaignaient de

ce que , sans égard aux ordres verbalement donnés à ce sujet au sacristain, au nom de la Fabrique , par plusieurs de ses Membres et par M. le
Curé lui-même , on n'offrait pas aux Membres
de la Confrérie , placés dans les stalles qui leur
sont assignées dans le chœur , des couronnes de
pain bénit , comme il était convenu de le faire.

Plusieurs Membres ont ajouté qu'ils s'étaient
aperçus avec peine de cette négligence , notamment à la distribution du dimanche précé-
dent.

Le Conseil prenant cette observation en considération, et voulant prévenir toutes difficultés à
l'avenir à ce sujet ainsi que sur quelques autres
points d'égale convenance ;

A arrêté, à l'unanimité, ce qui suit :

ART. 1. A l'avenir , et conformément aux ordres déjà donnés à cet égard , toutes les fois qu'il
sera fait une distribution de Pain bénit dans l'E-
glise de Saint-Michel , il sera offert des couronnes de ce Pain, telles qu'elles sont offertes au
Clergé et aux Officiers de l'Eglise, à ceux des
Conseillers , Bailes ou Confrères de Saint Martial
qui se trouveront dans les quatre premières stalles basses du chœur , qui leur sont assignées pour
assister à l'Office.

ART. 2. Ces couronnes leur seront présentées
par le sacristain ou autre chargé de la distribution , immédiatement après qu'il en aura été dis-
tribué à MM. les Membres de la Confrérie des
Ames du purgatoire.

Art. 3. Il sera laissé par le sacristain une couronne à la place de ceux des Membres de la Confrérie qui seront occupés à faire la quête, comme il doit en être laissé à la place de ceux de MM. les Fabriciens ou Amiers également occupés à la quête.

Art. 4. La Paix sera offerte également à l'*Agnus Dei*, à ceux des Membres de la Confrérie qui se trouveront dans lesdites stalles, toujours après les Membres de la Confrérie des Ames.

Art. 5. Le Bureau est chargé de surveiller l'exécution du présent Arrêté, et de pourvoir à ce qu'il y ait toujours quantité suffisante de couronnes, le sacristain sera tenu de s'y conformer.

Pour extrait conforme,

Signé, ESTIENNE-LARIVIÈRE, *Président.*

VIVIEN, *Secrétaire.*

CONFRÉRIE DE SAINT MARTIAL.

MEMBRES DÉCÉDÉS.

1824.

Marsat (Pierre).
Estienne-Larivière (Jean-Baptiste-Hippolyte.)

1825

Soudanas (Jean-Baptiste).
Genty (François).
Bricaille (Guillaume).

1826.

Coussy (Jean-Baptiste).
Gondaud (Louis).
Leyssenne (Martial).
Siauve (Martial).

1827.

Deschamps (Léonard).
Bardinet (Félix).

1828.

Bordas (Jean).

1829.

Valery (Jean-Baptiste).
Duché (Martial).
Vacquand (Gilbert).

1830.

Ebras (Antoine).

1831.

Monluc-de-Larivière (Hyppolite-Joseph).

1832.

Gerald (Laurent).
Esclavard (Jean).

1833.

Pradeaux (Martial).
Grosbras (Martial).
Toulisse (Jean-Baptiste).

1834.

Sagstête (André).
Gaston (Elie).

1835.

Mallebay (Michel).
Dague (Aubert).

GRANDE FRÉRIE DE SAINT MARTIAL.

MEMBRES.

MM.
1. Fissou (Jean-Baptiste).
2. Barret (Jean).
3. Barry (Joseph).
4. Vacquand (Gilbert).
5. Perier (Maurice).
6. Dufour (Pierre).
7. Valette (Pierre).

MM.

8. Raynaud (Jean-Baptiste).
9. Dutreix (Joseph).
10. Pradier (Louis).
11. Adam (Balthazard).
12. Varinaud (Jean-Baptiste).
13. Bettoulle (Guillaume).
14. Passemard (Antoine).
15. Soudanas (Martial).
16. Chabrol (Guillaume).
17. Bardinet (Martial).
18. Adam (François).
19. Valery (Bernard).
20. Valery (Jean).
21. Pariset (Léonard).
22. Dulac (Louis).
23. Dague (Jean).
24. Brissaud (Joseph).
25. Faure (Pierre).
26. Tarnaud jeune.
27. Brunier.

1822.

28. Bouchaud (Jean-Baptiste).
29. Fougère (Julien).
30. Soudanas (Léonard).
31. Gobillot (Pierre).

1823.

32. Flacard (Jean-Baptiste).
33. Bigaud (Jean-Baptiste).
34. Dantreygas (Pierre).

1826.

35. Nouhaud (Jean-Baptiste).
36. Audoin (Barthélemi).
37. Bonin (Claude).

MM.

38. Fumet (Martial).
39. Barret (Jean-Baptiste-Fanfan).
40. Vacquin (Paul-Joseph).

1827.

41. Bordes (Joseph).
42. Benoit (Pierre).
43. Chiboit fils (François).
44. Chiboit oncle (François).
45. Métadier (Pierre).
46. Delaruelle (Raphaël).
47. Racaud (Martial).

1832.

48. Dubouché (Jean-Baptiste).
49. Bertout (Martial).

1835.

50. Boileau père (Jean-Baptiste).
51. Maucher (Léonard).
52. Dubreuil (Jacques).
53. Chatenet (Mathieu).
54. Palland (Antoine).
55. Maury (Laurent).
56. Marthon (Eléonor).

CANDIDATS.

1. Gany (Joseph).
2. Palland fils.

Certifié conforme aux Statuts et Catalogue,

Le Secrétaire de la Grande-Frérie,

P. DANTREYGAS.